মেথিয়াছ ফিডলাৰ

অভিনৱ ৰিয়েল ইষ্টেট মিলোৱা: সহজ ৰিয়েল ইষ্টেট ব্ৰোকাৰিং

ৰিয়েল ইষ্টেট মিলোৱা: এক অভিনৱ ৰিয়েল ইষ্টেট মিলোৱা পোৰ্টেলৰ জৰিয়তে মধ্যস্থতা কৰাৰ দক্ষ, সহজ আৰু পেছাদাৰী উপায়

মুদ্ৰণ

মুদ্ৰিত কিতাপ হিচাপে 1ম সংস্কৰণ | ফেব্ৰুৱাৰী 2017
(মূলতে জাৰ্মানত প্ৰকাশ হৈছিল, ডিচেম্বৰ 2016)

মেথিয়াছ ফিডলাৰ
Erika-von-Brockdorff-Str. 19
41352 Korschenbroich
Germany
www.matthiasfiedler.net

প্ৰকাশন আৰু মুদ্ৰণ:
অন্তিম পৃষ্ঠা চাওঁক

বেটুপাতৰ ডিজাইন: মেথিয়াছ ফিডলাৰ
ই-কিতাপ সৃষ্টি কৰিছে: মেথিয়াছ ফিডলাৰ

ISBN-13 (paperback): 978-3-947184-78-1
ISBN-13 (mobi e-book): 978-3-947128-88-4
ISBN-13 (epub e-book): 978-3-947128-89-1

জাৰ্মান নেচনেল লাইব্ৰেৰীৰ গ্ৰন্থসূচী তথ্য:
জাৰ্মান নেচনেল লাইব্ৰেৰীয়ে এই প্ৰকাশনটো জাৰ্মান ৰাষ্ট্ৰীয় গ্ৰন্থসূচীত পঞ্জীভুক্ত কৰিছে; বিতং গ্ৰন্থসূচীৰ তথ্য http://dnb.d-nb.de ঠিকনাত অনলাইনত উপলব্ধ।

ধাৰণা

এই কিতাপখনত এক বিশ্বব্যাপী ৰিয়েল ইষ্টেট মিলোৱা পোৰ্টেল এপ্পৰ বাবে এক বৈপ্লৱিক ধাৰণা সন্নিবিষ্ট কৰা হৈছে, যেতিয়া সম্পত্তিৰ মূল্যাঙ্কন সহ ৰিয়েল ইষ্টেট ব্ৰকাৰেজ ছফ্টৱেৰ এটাত একত্ৰিত কৰা হয় তেতিয়া যথেষ্ট সাম্ভাব্য লাভ (কেইবা বিলিয়ন ইউৰো) গণনাৰ সৈতে সম্পত্তিৰ মূল্যাঙ্কন (কেইবা ট্ৰিলিয়ন ইউৰো সাম্ভাব্য লাভ) গণনা সহ।

আৱাসিক আৰু বাণিজ্যিক সম্পত্তি, নিজা ব্যৱহাৰ বা ভাৰাত দিয়া হিচাপে, এনেদৰে দক্ষতাৰে আৰু ক্ষিপ্ৰতাৰে মধ্যস্থতা কৰিব পাৰি। এয়া হৈছে সকলো ৰিয়েল ইষ্টেট ব্ৰোকাৰ আৰু সাম্ভাব্য গ্ৰাহক আৰু ভাৰা লওঁতাৰ বাবে অভিনৱ আৰু পেছাদাৰী ৰিয়েল ইষ্টেট মধ্যস্থতাৰ ভৱিষ্যত। ৰিয়েল ইষ্টেট মিলোৱা প্ৰায় সকলো দেশত আৰু আনকি সীমা চেৰাইয়ো কাম কৰে।

ব্ৰোকাৰ সকলে ক্ৰেতা বা ভাৰা লওঁতাৰ ওচৰলৈ সম্পত্তি "লৈ যোৱা"-ৰ সলনি, ৰিয়েল ইষ্টেট মিলোৱা পোৰ্টেলত আগ্ৰহী পক্ষবোৰক তেওঁলোকৰ সন্ধান প্ৰ'ফাইলৰ ওপৰত আধাৰিত কৰি মিলোৱা হয়, আৰু তাৰ পিছত ৰিয়েল ইষ্টেট ব্ৰোকাৰবোৰৰ বিজ্ঞাপন দিয়া সম্পত্তিবোৰৰ সৈতে সংযোজিত কৰা হয়।

সূচীপত্ৰ

আগকথা

2011 চনত, মই এই পৃষ্ঠাবোৰত বৰ্ণনা কৰা অভিনৱ ৰিয়েল ইষ্টেট মিলোৱাৰ ধাৰণাটো সৃষ্টি আৰু বিকশিত কৰিছিলোঁ।

মই 1998 চনৰ পৰাই ৰিয়েল ইষ্টেট উদ্যোগত কাম কৰি আছোঁ (যাৰ ভিতৰত আছে ৰিয়েল ইষ্টেট মধ্যস্থতা, ক্ৰয় আৰু বিক্ৰী, মূল্যাঙ্কন, আৰু সম্পত্তি বিকাশ)। মই হৈছো, আনবোৰৰ ভিতৰত, এজন অৰ্হতাপ্ৰাপ্ত ৰিয়েল্টৰ (IHK), ৰিয়েল ইষ্টেট অৰ্থনীতিবিদ (ADI) আৰু সম্পত্তি মূল্যাঙ্কনত বিশেষজ্ঞ (DEKRA) আৰু লগতে আন্তাৰ্জাতিকভাৱে স্বীকৃতিপ্ৰাপ্ত ইনষ্টিটিউচন অফ চাৰ্টাৰ্ড চাৰ্ভেয়ৰ্চৰ (MRICS) এজন সদস্য।

মেথিয়াচ্ছ ফিডলাৰ

কোৰ্শ্চেনব্ৰ'ছ, 31 অক্টোবৰ 2016

www.matthiasfiedler.net

1. অভিনৱ ৰিয়েল ইষ্টেট মিলোৱা: সহজ ৰিয়েল ইষ্টেট মধ্যস্থতা

ৰিয়েল ইষ্টেট মিলোৱা: এক অভিনৱ ৰিয়েল ইষ্টেট মিলোৱা পোৰ্টেলৰ যোগেৰে এক দক্ষ, সহজ আৰু পেছাদাৰী ৰিয়েল ইষ্টেট ব্ৰোকাৰেজ

ব্ৰোকাৰ এজনে ক্ৰেতা বা ভাৰা লওঁতাৰ ওচৰলৈ সম্পত্তি "লৈ যোৱা"-ৰ সলনি, ৰিয়েল ইষ্টেট মিলোৱা পোৰ্টেলত সন্ধান প্ৰ'ফাইলৰ জৰিয়তে সাম্ভাব্য গ্ৰাহক এজনক মিলোৱা হয় আৰু তাৰ পিছত ৰিয়েল ইষ্টেট ব্ৰোকাৰবোৰৰ বিজ্ঞাপন দিয়া সম্পত্তিবোৰৰ সৈতে সমযোজিত আৰু সংযোজিত কৰা হয়।

2. সাম্ভাব্য ক্ৰেতা আৰু সাম্ভাব্য বিক্ৰেতাসকলৰ লক্ষ্য্য

সম্পত্তি বিক্ৰেতা বা ভূস্বামী এজনৰ বাবে, তেওঁৰ সম্পত্তি সৰ্বাধিক সম্ভৱ দামত দ্ৰুততাৰে বিক্ৰী হোৱা বা ভাৰা হোৱাটো গুৰুত্বপূৰ্ণ।

সাম্ভাব্য ক্ৰেতা বা ভাৰা লওঁতাৰ বাবে, ব্যক্তিগত পছন্দ অনুসৰি সঠিক সম্পত্তি বিচাৰি পোৱা, আৰু সেয়া দ্ৰুততাৰে আৰু সহজে ক্ৰয় কৰিব বা ভাৰালৈ লবলৈ সক্ষম হোৱাটো গুৰুত্বপূৰ্ণ।

3. ৰিয়েল ইষ্টেট সন্ধানৰ প্ৰতি আগৰ ধাৰণা

সাধাৰণতে, ৰিয়েল ইষ্টেট বিচৰা লোকসকলে অনলাইনত ডাঙৰ ৰিয়েল ইষ্টেট পোৰ্টেলবোৰত তেওঁলোকৰ বিচৰা অঞ্চলত সম্পত্তিৰ বাবে সন্ধান কৰে। তাত, তেওঁলোকে চমু সন্ধান প্ৰ'ফাইল এটা সৃষ্টি কৰাৰ পিছত, তেওঁলোকক ই-মেইল যোগে উপযুক্ত সম্পত্তিৰ লিংকৰ সৈতে বিৱৰণ বা তালিকা প্ৰেৰণ কৰিব পাৰি। এয়া প্ৰায়ে 2ৰ পৰা 3 টা ৰিয়েল ইষ্টেট পোৰ্টেলত সম্পাদন কৰা হয়। শেষত, বিক্ৰেতাৰ সৈতে যোগাযোগ কৰা হয়, সাধাৰণতে ইমেইল যোগে, আৰু আগ্ৰহী পক্ষবোৰৰ সৈতে যোগাযোগ কৰাৰ সুযোগ প্ৰদান কৰা হয়।

আগ্ৰহী পক্ষবোৰে বিচৰা অঞ্চলৰ গাইগুটীয়া ৰিয়েল ইষ্টেট ব্ৰোকাৰসকলৰ সৈতেও যোগাযোগ কৰিব পাৰে যাৰ প্ৰত্যেককে এক সন্ধান প্ৰ'ফাইল আৱণ্টন কৰা হয়।

এই ৰিয়েল ইষ্টেট পোৰ্টেলৰ বিক্ৰেতাসকল হৈছে ব্যক্তিগত আৰু বাণিজ্যিক বিক্ৰেতা দুয়ো। বাণিজ্যিক বিক্ৰেতা হৈছে

মুখ্যতঃ ৰিয়েল ইষ্টেট এজেন্ট, লগতে আছে কিছু নিৰ্মাণ ঠিকাদাৰ, ৰিয়েল ইষ্টেট এজেন্সী আৰু ৰিয়েল ইষ্টেটত অন্তৰ্ভুক্ত অন্যান্য ব্যৱসায় (কিতাপখনত, বাণিজ্যিক বিক্ৰেতাসকলক ৰিয়েল ইষ্টেট ব্ৰোকাৰ বুলি কোৱা হৈছে)।

4. ব্যক্তিগত বিক্ৰেতাৰ অসুবিধাবোৰ / ৰিয়েল ইষ্টেট ব্ৰোকাৰ এজনৰ সুবিধাবোৰ

ব্যক্তিগত বিক্ৰেতাৰ পক্ষৰ পৰা, বিক্ৰীৰ বাবে থকা সম্পত্তিৰ ক্ষেত্ৰত সদায়ে লগে লগে বিক্ৰী নহয়, উদাহৰণ স্বৰূপে উত্তৰাধিকাৰ সূত্ৰে পোৱা সম্পত্তিৰ ক্ষেত্ৰত, উত্তৰাধিকাৰী সকলৰ মাজত বিবাদ থাকিব পাৰে বা উইল এখন নাথাকিব পাৰে। লগতে, অমীমাংসিত আইনী বিবাদে, বিশেষকৈ বাসস্থানৰ অধিকাৰ, বিক্ৰী প্ৰক্ৰিয়া জটিল কৰিব পাৰে।

ব্যক্তিগত ভূস্বামী সকলে ভাৰাত দিয়া সম্পত্তিৰ বাবে আনুষ্ঠানিক অনুমোদন প্ৰাপ্ত নকৰিব পাৰে, উদাহৰণ স্বৰূপে যদি বাণিজ্যিক সম্পত্তি এটাক ভাৰাৰ এপাৰ্টমেন্ট হিচাপে বিজ্ঞাপন দিয়া হয়।

যদি বিক্ৰেতাজন এজন ৰিয়েল ইষ্টেট ব্ৰোকাৰ হয়, ওপৰোক্ত বিষয়বোৰ সাধাৰণতে ইতিমধ্যে নিষ্পত্তি কৰা থাকে। লগতে, সকলো প্ৰাসঙ্গিক সম্পত্তিৰ নথপত্ৰ (ভূমিৰ

নক্সা, সজ্ঞা, শক্তিৰ প্ৰমাণপত্ৰ, ভূমিৰ পঞ্জীয়ন, চৰকাৰী নথিপত্ৰ, ইত্যাদি) প্ৰায়ে সাজু থাকে। এনেদৰে, কোনো জটিলতা অবিহনে বিক্ৰী বা ভাৰাৰ লেনদেন এটা ক্ষিপ্ৰতাৰে সম্পূৰ্ণ কৰিব পাৰি।

5. ৰিয়েল ইষ্টেট মিলোৱা

দ্ৰুততাৰে আৰু দক্ষতাৰে সাম্ভাব্য ক্ৰেতা আৰু বিক্ৰেতা বা ভাৰা লওঁতাৰ মাজত মিলোৱাৰ বাবে, সাধাৰণতে এক প্ৰণালীবদ্ধ আৰু পেছাদাৰী কৌশল প্ৰদান কৰাটো গুৰুত্বপূৰ্ণ।

ইয়াত ৰিয়েল ইষ্টেট ব্ৰোকাৰ সন্ধান আৰু আগ্ৰহী গ্ৰাহক বিচৰা আৰু তাৰ বিপৰীতৰ বাবে এক ওলোটা পদক্ষেপ ব্যৱহাৰ কৰা হয়। ইয়াৰ অৰ্থ হৈছে যে, ক্ৰেতা বা ভাৰা লওঁতাৰ ওচৰলৈ সম্পত্তি “লৈ যোৱা”-ৰ সলনি, ৰিয়েল ইষ্টেট মিলোৱা পোৰ্টেলত গ্ৰাহকসকলক তেওঁলোকৰ সন্ধান প্ৰ’ফাইলৰ ওপৰত আধাৰিত কৰি মিলোৱা হয় আৰু ৰিয়েল ইষ্টেট ব্ৰোকাৰবোৰৰ বিজ্ঞাপন দিয়া সম্পত্তিবোৰৰ সৈতে সংযোজিত কৰা হয়।

প্ৰথম পদক্ষেপত, সাম্ভাব্য গ্ৰাহক সকলে ৰিয়েল ইষ্টেট মিলোৱা পোটেলত এক ব্যক্তিগতকৃত সন্ধান প্ৰ’ফাইল নিৰ্ধাৰণ কৰে। এই সন্ধান প্ৰ’ফাইলত প্ৰায় 20 টা বিশেষত্ব থাকে। এই সন্ধান প্ৰ’ফাইলত নিম্নলিখিত বিশেষত্ববোৰ, আনবোৰৰ সৈতে (এয়া সম্পূৰ্ণ তালিকা নহয়) গুৰুত্বপূৰ্ণ:

- অঞ্চল / ডাক কোড / পৌৰ সভা
- সম্পত্তিৰ প্ৰকাৰ
- মাটি ডোখৰৰ আকাৰ
- বাসস্থানৰ স্থান
- ক্ৰয় / ভাৰা মূল্য
- নিৰ্মাণৰ বছৰ
- মহলাৰ সংখ্যা
- কোঠালীৰ সংখ্যা
- ভাৰা দিয়া হৈছে (হয় / নহয়)

- বেছমেণ্ট (হয় / নহয়)

- বাৰান্দা / টেৰেচ (হয় / নহয়)

- গৰম কৰাৰ প্ৰকাৰ

- পাৰ্কিং স্থান (আছে /নাই)

এই বিশেষত্ববোৰ মুক্তভাৱে প্ৰবিষ্ট কৰিব পৰা হ'ব নালাগে, কিন্তু ক্লিক কৰি বা প্ৰদান কৰা বিকল্পৰ এক তালিকাৰ পৰা সংশ্লিষ্ট ফিল্ডবোৰ (উদাহৰণ স্বৰূপে, "সম্পত্তিৰ প্ৰকাৰ") খুলি বাছনি কৰা হ'ব লাগে (উদাহৰণ স্বৰূপে, সম্পত্তিৰ প্ৰকাৰৰ বাবে: এপাৰ্টমেণ্ট, একক পাৰিবাৰিক গৃহ, পণ্যাগাৰ, কাৰ্যালয়ৰ স্থান ইত্যাদি)।

বৈকল্পিকভাৱে, সাম্ভাব্য ক্ৰেতাসকলে অতিৰিক্ত সন্ধান প্ৰ'ফাইল নিৰ্ধাৰিত কৰিব পাৰে। সন্ধান প্ৰ'ফাইল এটাত পৰিৱৰ্তন কৰাও সম্ভৱ।

আগ্ৰহী পক্ষবোৰে প্ৰদান কৰা ফিল্ডবোৰত তেওঁলোকৰ সম্পূৰ্ণ যোগাযোগৰ তথ্য প্ৰবিষ্ট কৰিব লাগে, যাৰ ভিতৰত

আছে অন্তিম নাম, প্ৰথম নাম, পথৰ ঠিকনা আৰু ঘৰৰ নম্বৰ, ডাক কোড, নগৰ পালিকা, টেলিফোন আৰু ই-মেইল।

এই প্ৰসঙ্গত আগ্ৰহী পক্ষবোৰে তেওঁলোকক ৰিয়েল ইষ্টেট ব্ৰোকাৰসকলে যোগাযোগ কৰা আৰু প্ৰাসঙ্গিক উপলব্ধ ৰিয়েল ইষ্টেটৰ তথ্য প্ৰেৰণ (এক্সপোজে) কৰাৰ বাবে তেওঁলোকৰ সন্মতি প্ৰদান কৰে।

লগতে, আগ্ৰহী পক্ষবোৰে ৰিয়েল ইষ্টেট মিলোৱা পোৰ্টেলৰ সঞ্চালকৰ সৈতে চুক্তি এখন সম্পন্ন কৰে।

পৰৱৰ্তী পদক্ষেপত, সন্ধান প্ৰ'ফাইলবোৰ এ.পি.আই., অৰ্থাৎ এপ্লিকেচন প্ৰ'গ্ৰামিং ইন্টাৰফেচ (উদাহৰণ স্বৰূপে জাৰ্মানীত এ.পি.আই. “অপেনিমো”ৰ সৈতে সুসঙ্গত) এটাৰ যোগেৰে অংশগ্ৰহণকাৰী ৰিয়েল ইষ্টেট ব্ৰোকাৰসকলৰ বাবে উপলব্ধ কৰা হয়, যিসকল এতিয়ালৈকে দৃশ্যমান নহয়। এয়া মন কৰিব লাগে যে এই এ.পি.আই.এ - মূলতে এপ্লিকেচনৰ ছাবিকাঠি – ব্যৱহৃত হৈ থকা প্ৰায় সকলো

ৰিয়েল ইষ্টেট মধ্যস্থতা ছফ্টৱেৰক সমৰ্থন কৰিব লাগে, বা তথ্যৰ স্থানান্তৰৰ নিশ্চিতি দিব লাগে। যদি নহয়, ইয়াক কাৰিকৰীভাৱে সম্ভৱ কৰিব লাগে। যিহেতু ওপৰোক্ত “অপেনিমো” এ.পি.আই.ৰ দৰে ইন্টাৰফেচ আৰু অন্যান্য এ.পি.আই. ইতিমধ্যে ব্যৱহৃত হৈ আছে, সন্ধান প্ৰ’ফাইল এটাৰ স্থানান্তৰ সম্ভৱ হ’ব লাগে।

এতিয়া ৰিয়েল ইষ্টেট ব্ৰোকাৰসকলে তেওঁলোকৰ উপলব্ধ সম্পত্তিবোৰ সন্ধান প্ৰ’ফাইলৰ সৈতে তুলনা কৰে। ইয়াত সম্পত্তিবোৰ ৰিয়েল ইষ্টেট মিলোৱা পোৰ্টেললৈ অনা হয় আৰু সংশ্লিষ্ট বিশেষত্ববোৰ চিংক্ৰনাইজ আৰু সংযোজিত কৰা হয়।

সফলভাৱে মিলোৱাৰ পিছত সংশ্লিষ্ট শতাংশ এটাৰ সৈতে মিলোৱা হয়। উদাহৰণ স্বৰূপে, 50% এটা মিলাৰ পিছত সন্ধান প্ৰ’ফাইলবোৰ ৰিয়েল ইষ্টেট ব্ৰোকাৰেজ ছফ্টৱেৰত দৃশ্যমান হয়।

ইয়াত গাইগুটীয়া বিশেষত্ববোৰক পৰস্পৰৰ সৈতে মূল্যায়ন কৰা হয় (পইন্ট প্ৰণালী), যাতে বিশেষত্ববোৰৰ তুলনা কৰাৰ ফলত মিলৰ শতাংশ এটা প্ৰাপ্ত কৰা হয় (যাদৃচ্ছিক সমিল সম্ভাৱনীয়তা)। উদাহৰণ স্বৰূপে, “সম্পত্তি প্ৰকাৰ” বিশেষত্বৰ গুৰুত্ব “বাসস্থানৰ স্থান” বিশেষত্বতকৈ অধিক। ইয়াৰ উপৰিও, এই সম্পত্তিত থাকিবই লগা কিছুমান বিশেষত্ব বাছনি কৰিব পাৰি (যেনে বেছমেণ্ট)।

মিলোৱাৰ বাবে বিশেষত্ব তুলনা কৰা প্ৰক্ৰিয়াত, ৰিয়েল ইষ্টেট ব্ৰোকাৰসকলক কেৱল তেওঁলোকৰ আকাংক্ষিত (বুক কৰা) অঞ্চলৰ প্ৰৱেশাধিকাৰ প্ৰদান কৰাৰ বাবে যত্ন ল'ব লাগে। ই তথ্য মিলোৱাৰ কাম হ্ৰাস কৰে, কাৰণ ৰিয়েল ইষ্টেট ব্ৰোকাৰসকলে প্ৰায়ে আঞ্চলিক ভিত্তিত কাম কৰে। মন কৰিব লাগে ক্লাউড নামৰ প্ৰণালীৰ জৰিয়তে বৰ্তমানে বিশাল পৰিমাণৰ তথ্য সঞ্চিত আৰু প্ৰচেছিং কৰা সম্ভৱ।

কেৱল ৰিয়েল ইষ্টেল ব্ৰোকাৰ সকলে সন্ধান প্ৰ'ফাইলবোৰ প্ৰাপ্ত কৰা উচিত, এক পেছাদাৰী ৰিয়েল ইষ্টেট মধ্যস্থতা নিশ্চিত কৰাৰ বাবে।

ৰিয়েল ইষ্টেট ব্ৰোকাৰসকলে এই উদ্দেশ্যৰ বাবে ৰিয়েল ইষ্টেট মিলোৱা পোৰ্টেলৰ সঞ্চালকৰ সৈতে এক চুক্তি সম্পাদন কৰে।

মিলোৱাৰ পিছত, ব্ৰোকাৰসকলে আগ্ৰহী পক্ষবোৰৰ সৈতে, বা পক্ষবোৰে ব্ৰোকাৰৰ সৈতে যোগাযোগ কৰিব পাৰে। লগতে ইয়াৰ অৰ্থ হৈছে যে, যদি ব্ৰোকাৰে সাম্ভাব্য ক্ৰেতাজনলৈ এক্সপোজে এটা প্ৰেৰণ কৰিছে, ক্ৰয় বা ভাৰা সম্পন্ন হোৱা স্থিতিত এক কাৰ্যকলাপ প্ৰতিবেদন বা কমিচনৰ বাবে ব্ৰোকাৰৰ দাবী নথিভুক্ত হয়।

ইয়াত ধৰি লোৱা হয় যে গৰাকীয়ে (বিক্ৰেতা বা ভূস্বামী) সম্পত্তিৰ মধ্যস্থতাৰ বাবে ব্ৰোকাৰজনক নিযুক্ত কৰিছে, বা সম্পত্তিটোৰ বিজ্ঞাপন দিয়াৰ বাবে সন্মতি দিছে।

6. ব্যৱহাৰবোৰ

ইয়াত বৰ্ণনা কৰা ৰিয়েল ইষ্টেট মিলোৱা প্ৰক্ৰিয়াটো এপাৰ্টমেন্ট আৰু বাণিজ্যিক সম্পত্তি খণ্ডত সম্পত্তিৰ ক্ৰয় আৰু ভাৰাৰ বাবে প্ৰযোজ্য। বাণিজ্যিক ৰিয়েল ইষ্টেটৰ বাবে অতিৰিক্ত সম্পত্তিৰ বিশেষত্বৰ প্ৰয়োজন হয়।

ব্ৰোকাৰ এজন এক সাম্ভাব্য গ্ৰাহকো হ'ব পাৰে, উদাহৰণ স্বৰূপে যেতিয়া ব্ৰোকাৰ এজনে গ্ৰাহক এজনৰ হৈ কাম কৰে।

অঞ্চলৰ প্ৰসঙ্গত, ৰিয়েল ইষ্টেট মিলোৱা পোৰ্টেল প্ৰায় সকলো দেশৰ বাবে অনুকূলিত কৰিব পাৰি।

7. সুবিধাসমূহ

ৰিয়েল ইষ্টেট মিলোৱাই সাম্ভাব্য গ্ৰাহকসকলৰ বাবে যথেষ্ট সুবিধা প্ৰদান কৰে যদিহে, উদাহৰণ স্বৰূপে, তেওঁলোকে তেওঁলোকৰ স্থানত (বাসস্থানৰ স্থান) বা চাকৰিৰ বদলিৰ বাবে আন এক নগৰ/অঞ্চলত ঘৰ সন্ধান কৰি আছে।

তেওঁলোকে কেৱল এবাৰ সন্ধান প্ৰ'ফাইল এটা নিৰ্ধাৰণ কৰে আৰু বিচৰা অঞ্চলৰ পৰা সক্ৰিয় ব্ৰোকাৰসকলৰ উপযুক্ত ঘৰৰ বিৱৰণ তেওঁলোকলৈ প্ৰেৰণ কৰা হ'ব।

ই ব্ৰোকাৰসকলক বিক্ৰী আৰু ভাৰাৰ বাবে দক্ষতা আৰু ক্ষিপ্ৰতাত যথেষ্ট সুবিধা প্ৰদান কৰে, কিয়নো তেওঁলোকক তেওঁলোকৰ সম্পত্তিবোৰৰ বাবে নিৰ্দিষ্ট আগ্ৰহী গ্ৰাহক / ভাৰা লওঁতাসকলৰ সম্ভাৱনীয়তাৰ ওপৰত এক তাৎক্ষণিক অৱলোকন প্ৰদান কৰে।

ব্ৰোকাৰসকলে লগতে তেওঁলোকৰ প্ৰাসঙ্গিক লক্ষ্য গোটৰ সৈতে পোনপটীয়াকৈ যোগাযোগ কৰিব পাৰে (ৰিয়েল ইষ্টেট এক্সপোজে প্ৰেৰণ কৰা সহ), যাৰ অৰ্থ হৈছে যিসকলে এক সন্ধান প্ৰ'ফাইল নিৰ্ধাৰণ কৰি তেওঁলোকে কেনে ধৰণৰ ঘৰ বিচাৰিছে সেয়া সতৰ্কতাৰে নিৰ্ধাৰণ কৰিছে।

ই আগ্ৰহী পক্ষবোৰৰ সৈতে যোগাযোগৰ মানদণ্ড উন্নত কৰে যি জানে তেওঁলোকে কি বিচাৰি আছে। ই লগতে পৰৱৰ্তী দৰ্শনৰ সাক্ষাৎ হ্ৰাস কৰে – আৰু বিজ্ঞাপন দিয়া ঘৰবোৰৰ বাবে বিপণনৰ ম্যাদ হ্ৰাস কৰে।

আগ্ৰহী পক্ষৰ দ্বাৰা বিজ্ঞাপন দিয়া ঘৰ দৰ্শন কৰা হোৱাৰ পিছত – পৰম্পৰা অনুসৰি – ক্ৰয় বা ভাৰাৰ চুক্তি স্বাক্ষৰিত কৰা হয়।

৪. উদাহৰণমূলক গণনা (সাম্ভাব্য) – কেৱল গৰাকী বাস কৰা এপাৰ্টমেণ্ট আৰু ঘৰ (ভাৰাৰ এপাৰ্টমেণ্ট আৰু ঘৰ আৰু বাণিজ্যিক সম্পত্তিৰ বাহিৰে)

নিম্নলিখিত উদাহৰণটোত ৰিয়েল ইষ্টেট মিলোৱা পোৰ্টেল এটাৰ সম্ভাৱনীয়তা স্পষ্ট কৰা হৈছে।

250,000 আৱাসী থকা মেট্ৰ'পলিটান এলেকা এটাত, যেনে মংকেনগ্লাডবাক মহানগৰত, পৰিসাংখ্যিকভাৱে 125,000 টা পৰিয়াল আছে (প্ৰতি পৰিয়ালত গড় 2 জন আৱাসী)। গড় স্থানান্তৰ হাৰ হৈছে প্ৰায় 10%, গতিকে প্ৰতি বছৰে 12,500 টা পৰিয়াল স্থানান্তৰিত হয়। মংকেনগ্লাডবাকৰ পৰা আৰু ইয়ালৈ হোৱা স্থানান্তৰ ধৰা হোৱা নাই। সেয়েহে, প্ৰায় 10,000 টা পৰিয়ালে (80%) ঘৰ ভাৰা ল'বলৈ আৰু প্ৰায় 2,500 টা পৰিয়ালে (20%) ঘৰ ক্ৰয় কৰিবলৈ বিচাৰি আছে।

মংকেনগ্লাডবাক মহানগৰৰ উপদেষ্টা সমিতিৰ সম্পত্তি বজাৰ প্ৰতিবেদন অনুসৰি, 2012 চনত 2,613 টা ৰিয়েল ইষ্টেট ক্ৰয় কৰা হৈছিল। ই ওপৰোক্ত 2,500 জন আগ্ৰহী গ্ৰাহকৰ সংখ্যাটো নিশ্চিত কৰে। ই দৰাচলতে তাতকৈ অধিক হ'ব, কিয়নো সকলো সাম্ভাব্য গ্ৰাহকে দৰাচলতে ঘৰ ক্ৰয় নকৰে। মোটামুটিভাৱে, প্ৰকৃত আগ্ৰহী গ্ৰাহকৰ সংখ্যা বা বিশেষভাৱে সন্ধান প্ৰ'ফাইলৰ সংখ্যা প্ৰায় 10% গড় স্থানান্তৰৰ হাৰৰ দুগুণ হ'ব, অৰ্থাৎ 25,000 টা সন্ধান প্ৰ'ফাইল। ইয়াত অন্তৰ্ভুক্ত থাকে ৰিয়েল ইষ্টেট মিলোৱা পোৰ্টেলত একাধিক প্ৰ'ফাইল নিৰ্ধাৰণ কৰা সাম্ভাব্য গ্ৰাহক।

এয়া উল্লেখ কৰা উচিত হ'ব যে, অভিজ্ঞতাৰ পৰা, সকলো আগ্ৰহী পক্ষৰ (ক্ৰেতা আৰু বিক্ৰেতা) প্ৰায় আধা সংখ্যকে তেওঁলোকৰ সম্পত্তি ৰিয়েল ইষ্টেট ব্ৰোকাৰ এজনৰ যোগেৰে প্ৰাপ্ত কৰে, অৰ্থাৎ মুঠ 6,250 টা পৰিয়াল।

অৱশ্যে অভিজ্ঞতাৰ পৰা জনা যায় যে, সকলো পৰিয়ালৰ প্ৰায় 70% পৰিয়ালে অনলাইন ৰিয়েল ইষ্টেট পোৰ্টেলত সন্ধান কৰে, এনেদৰে মুঠ 8,750 টা পৰিয়াল (17,500 টা সন্ধান প্ৰ'ফাইলৰ সন্দৰ্ভত)।

যদি মংকেনগ্লাডবাৰ দৰে মহানগৰ এখনৰ সকলো আগ্ৰহী পক্ষৰ 30%, অৰ্থাৎ 3,750 টা পৰিয়ালে (7,500 টা সন্ধান প্ৰ'ফাইলৰ সন্দৰ্ভত), ৰিয়েল ইষ্টেট মিলোৱা পোৰ্টেল এপ্পত তেওঁলোকৰ সন্ধান প্ৰ'ফাইল নিৰ্ধাৰণ কৰে, অংশগ্ৰহণকাৰী ৰিয়েল ইষ্টেট ব্ৰোকাৰসকলে প্ৰতি বছৰে 1,500 টা নিৰ্দিষ্ট সন্ধান প্ৰ'ফাইলৰ (20%) যোগেৰে সাম্ভাব্য ক্ৰেতাসকলক আৰু 6,000 টা নিৰ্দিষ্ট সন্ধান প্ৰ'ফাইলৰ (80%) যোগেৰে সাম্ভাব্য ভাৰা লওঁতাসকলক তেওঁলোকৰ সম্পত্তি আগবঢ়াব পাৰিব।

ইয়াৰ অৰ্থ হৈছে যে, 250,000 জনসংখ্যাৰ মহানগৰ এখনত, প্ৰতিটো সন্ধান প্ৰ'ফাইলৰ বাবে গড় সন্ধান ম্যাদ

10 মাহ আৰু এক উদাহৰণ মূল্য প্ৰতি মাহে €50 হ'লে, 7,500 টা সন্ধান প্ৰ'ফাইলৰ পৰা সাম্ভাব্য মূল্য হ'ব প্ৰতি বছৰে €3,750,000।

প্ৰায় 80,000,000 (80 নিযুত) আৱাসীৰ সৈতে জাৰ্মানী ফেডাৰেল গণৰাজ্যলৈ এই সংখ্যা সম্প্ৰসাৰিত কৰিলে, ইয়াৰ পৰা সাম্ভাব্য ৰাজহ হ'ব প্ৰতি বছৰে €1,200,000,000 (€1.2 বিলিয়ন)। যদি উদাহৰণটোৰ বাবে 30%ৰ সলনি সকলো আগ্ৰহী পক্ষৰ 40%-ই ৰিয়েল ইষ্টেট মিলোৱা পোৰ্টেলত ৰিয়েল ইষ্টেটৰ বাবে সন্ধান কৰে, সাম্ভাব্য ৰাজহ প্ৰতি বছৰে €1,600,000,000লৈ (€1.6 বিলিয়ন) বৃদ্ধি হয়।

এই সাম্ভাব্য ৰাজহ হৈছে কেৱল গৰাকী বাস কৰা এপাৰ্টমেণ্ট আৰু ঘৰৰ বাবে। আৱাসিক সম্পত্তি খণ্ডত ভাৰা আৰু বিনিয়োগৰ ঘৰ আৰু সমগ্ৰ বাণিজ্যিক সম্পত্তি খণ্ডটো এই সাম্ভাব্য ৰাজহৰ গণনাত বিবেচনা কৰা হোৱা নাই।

জাৰ্মানীত ৰিয়েল ইষ্টেট ক্ষেত্ৰত অন্তৰ্ভুক্ত থকা প্ৰায় 200,000 জন কৰ্মচাৰীৰ সৈতে প্ৰায় 50,000 টা ব্যৱসায়ৰ সৈতে (নিৰ্মাণ ঠিকাদাৰ, ৰিয়েল ইষ্টেট এজেন্সী আৰু ৰিয়েল ইষ্টেটত অন্তৰ্ভুক্ত অন্যান্য ব্যৱসায় সহ), আৰু গড়ে 2 খন লাইচেন্সৰ সৈতে এই ৰিয়েল ইষ্টেট মিলোৱা পোৰ্টেল ব্যৱহাৰ কৰা 50,000 টা ব্যৱসায়ৰ 20% মডেল অংশৰ সৈতে, প্ৰতি মাহে প্ৰতি লাইচেন্সৰ মডেল মূল্য €300 হিচাপে, ইয়াৰ সাম্ভাব্য ৰাজহ হৈছে প্ৰতি বছৰে €72,000,000 (€72 মিলিয়ন)। লগতে, নিৰ্দিষ্ট অঞ্চলৰ সন্ধান প্ৰ'ফাইলৰ বাবে আঞ্চলিক বুকিং হ'ব লাগে, গতিকে, কনফিগাৰেচনৰ ওপৰত নিৰ্ভৰ কৰি, তাত যথেষ্ট অধিক সাম্ভাব্য ৰাজহ প্ৰাপ্ত কৰিব পাৰি।

ব্ৰোকাৰসকলে তেওঁলোকৰ ডাটাবেছ সাম্ভাব্য গ্ৰাহকৰ তথ্যৰে নিৰন্তৰ উন্নীত কৰাৰ আৰু প্ৰয়োজন নাই – যদি প্ৰযোজ্য – নিৰ্দিষ্ট সন্ধান প্ৰ'ফাইল সহ আগ্ৰহী পক্ষৰ বাবে

এই উৎকৃষ্ট সম্ভাৱনীয়তাৰ বাবে, বিশেষকৈ যিহেতু ইমানবোৰ নৱীনতম কৰি ৰখা সন্ধান প্ৰ'ফাইলৰ সংখ্যা বহুতো ব্ৰোকাৰে তেওঁলোকৰ ডাটাবেচত নিৰ্ধাৰণ কৰা সন্ধান প্ৰ'ফাইলৰ সংখ্যাতকৈ অধিক হ'ব।

যদি এই অভিনৱ ৰিয়েল ইষ্টেট মিলোৱা পোৰ্টেলটো কেইবাখনো দেশত ব্যৱহাৰ কৰা হয়, জাৰ্মানীৰ সাম্ভাব্য গ্ৰাহকসকলে, উদাহৰণ স্বৰূপে, ভূমধ্য সাগৰীয় দ্বীপ মালোৰ্কাত (স্পেইন) বিনোদন এপাৰ্টমেন্টৰ বাবে সন্ধান প্ৰ'ফাইল নিৰ্ধাৰণ কৰিব পাৰে আৰু মালোৰ্কাৰ অংশগ্ৰহণকাৰী ৰিয়েল ইষ্টেট ব্ৰোকাৰসকলে জাৰ্মানীত তেওঁলোকৰ সাম্ভাব্য গ্ৰাহক/ভাৰা লওঁতাৰ ওচৰত ইমেইল যোগে উপযুক্ত এপাৰ্টমেন্ট উপস্থাপন কৰিব পাৰিব। যদি এক্সপোজেবোৰ স্পেনিচ ভাষাত লিখা হয়, আজিকালি আগ্ৰহী গ্ৰাহকসকলে অনলাইন অনুবাদ প্ৰ'গ্ৰাম এটাৰ

সহায়ত পাঠখিনি ক্ষিপ্ৰতাৰে জাৰ্মানলৈ অনুবাদ কৰিব পাৰে।

বিভিন্ন ভাষাত সন্ধান প্ৰ'ফাইল আৰু বিজ্ঞাপন দিয়া সম্পত্তিৰ মাজত মিলোৱাৰ বাবে, প্ৰ'গ্ৰাম কৰা (গাণিতিক) বিশেষত্বৰ ওপৰত আধাৰিত কৰি ৰিয়েল ইষ্টেট মিলোৱা পোৰ্টেল এটাৰ ভিতৰত নিৰ্দিষ্ট বিশেষত্ববোৰ মিলোৱা হ'ব পাৰে, যি ভাষাৰ সৈতে সম্পৰ্কিত নহয়, আৰু ভাষাটো তাৰ পিছত আৱণ্টন কৰা হ'ব।

সকলো মহাদেশত ৰিয়েল ইষ্টেট মিলোৱা পোৰ্টেল ব্যৱহাৰৰ সৈতে, ওপৰোক্ত সাম্ভাব্য ৰাজহ (কেৱল সাম্ভাব্য ৰিয়েল ইষ্টেট বিচৰাসকল) অতি সৰল ধাৰণাৰ ওপৰত নিম্নলিখিত ধৰণৰ হ'ব।

বিশ্ব জনসংখ্যা:

7,500,000,000 (7.5 বিলিয়ন) নিৱাসী

1. ঔদ্যোগিক আৰু মুখ্যতঃ ঔদ্যোগিক দেশবোৰত জনসংখ্যা:

   2,000,000,000 (2.0 বিলিয়ন) নিৱাসী

2. উদীয়মান দেশবোৰত জনসংখ্যা:

   4,000,000,000 (4.0 বিলিয়ন) নিৱাসী

3. বিকাশশীল দেশবোৰত জনসংখ্যা:

   1,500,000,000 (1.5 বিলিয়ন) নিৱাসী

জার্মানী ফেডাৰেল গণৰাজ্যৰ সাম্ভাব্য বাৰ্ষিক লাভ 80 নিযুত নিৱাসীৰ বাবে €1.2 বিলিয়ন পৰিমাণটো নিম্নলিখিত ধৰি লোৱা কাৰকবোৰৰ সৈতে ঔদ্যোগিক দেশ, উদীয়মান দেশ আৰু বিকাশশীল দেশবোৰৰ বাবে প্ৰযোজ্য কৰিব পাৰি।

1. ঔদ্যোগিক দেশ: 1.0

2. উদীয়মান দেশ: 0.4

3. বিকাশশীল দেশ: 0.1

ইয়াৰ অৰ্থ হৈছে নিম্নলিখিত সাম্ভাব্য বাৰ্ষিক ৰাজহ: ((€1.2 বিলিয়ন x জনসংখ্যা (বিকশিত, উদীয়মান বা বিকাশশীল দেশ) / 80 নিযুত নিৱাসী x কাৰক)।

1. ঔদ্যোগিক দেশ: €30,00 বিলিয়ন

2. উদীয়মান দেশ: €24,00 বিলিয়ন

3. বিকাশশীল দেশ: €2.25 বিলিয়ন

মুঠ: **€56.25 বিলিয়ন**

9. সামৰণি

ইয়াত বৰ্ণনা কৰা ৰিয়েল ইষ্টেট মিলোৱা পোৰ্টেলে ৰিয়েল ইষ্টেট সন্ধান কৰা লোক (সাম্ভাব্য গ্ৰাহক) আৰু ৰিয়েল ইষ্টেট ব্ৰোকাৰসকলৰ বাবে যথেষ্ট সুবিধা প্ৰদান কৰে।

1. সাম্ভাব্য গ্ৰাহকসকলে উপযুক্ত ৰিয়েল ইষ্টেট বিচাৰি যথেষ্ট কম সময় ব্যয় কৰিব লগা হ'ব, কিয়নো তেওঁলোকে মাত্ৰ এবাৰ তেওঁলোকৰ সন্ধান প্ৰ'ফাইল নিৰ্ধাৰণ কৰিব।

2. ৰিয়েল ইষ্টেট ব্ৰোকাৰসকলে সাম্ভাব্য গ্ৰাহকসকলৰ বিষয়ে তেওঁলোকৰ নিৰ্দিষ্ট আকাংক্ষাৰ বিষয়ে ইতিমধ্যে অৱগত হৈ এক সামগ্ৰিক অৱলোকন প্ৰাপ্ত কৰিব (তেওঁলোকৰ সন্ধান প্ৰ'ফাইলৰ পৰা)।

3. আগ্ৰহী পক্ষবোৰে কেৱল তেওঁলোকৰ নিৰ্দিষ্ট আকাংক্ষাৰ সৈতে প্ৰাসঙ্গিক (তেওঁলোকৰ সন্ধান

প্ৰ'ফাইল অনুসৰি) ৰিয়েল ইষ্টেটৰ বিৱৰণ সকলো ৰিয়েল ইষ্টেট ব্ৰোকাৰৰ পৰা দেখা পাব (এক প্ৰকাৰৰ স্বয়ংক্ৰিয় পূৰ্ববাছনি)।

4. ৰিয়েল ইষ্টেট ব্ৰোকাৰসকলে সন্ধান প্ৰ'ফাইলৰ বাবে তেওঁলোকৰ গাইগুটীয়া ডাটাবেচ বাহাল ৰখাৰ বাবে কম কাম কৰিব লাগিব, কিয়নো যথেষ্ট অধিক সংখ্যক চলিত সন্ধান প্ৰ'ফাইল স্থায়ীভাৱে উপলব্ধ।

5. যিহেতু ৰিয়েল ইষ্টেট মিলোৱা পোৰ্টেল কেৱল বাণিজ্যিক প্ৰদানকৰ্তা / ৰিয়েল ইষ্টেট ব্ৰোকাৰৰ বাবে উপলব্ধ, সাম্ভাব্য গ্ৰাহকসকলে পেছাদাৰী আৰু অভিজ্ঞ এজেণ্টৰ সৈতে কাম কৰে।

6. ৰিয়েল ইষ্টেট ব্ৰোকাৰসকলে কম সংখ্যক দৰ্শনৰ সময় নিৰ্ধাৰণ কৰিব লাগে আৰু বিপননৰ সময় সামগ্ৰিকভাৱে চমু হয়। সাম্ভাব্য গ্ৰাহকসকলকো, তেওঁলোকৰ ফালৰ পৰা, কম দৰ্শনৰ সময়

নির্ধাৰণ কৰা প্ৰয়োজন হয় আৰু লগতে ক্ৰয় বা ভাৰাৰ চুক্তি স্বাক্ষৰ কৰালৈকে প্ৰয়োজনীয় সময় কম হয়।

7. ই লগতে বিক্ৰী বা ভাৰাত দিব লগা ঘৰৰ গৰাকীৰ বাবেও সময় ৰাহি কৰে। লগতে, দ্ৰুততৰ ভাৰা বা বিক্ৰীৰ জৰিয়তে ভাৰাত দিয়া ঘৰবোৰ খালী থকাৰ হাৰ হ্ৰাস আৰু ক্ৰয় কৰা ৰিয়েল ইষ্টেটৰ বাবে দ্ৰুততৰ পৰিশোধৰ অৰ্থ হৈছে লগতে বিত্তীয় লাভালাভ।

ৰিয়েল ইষ্টেট মিলোৱাৰ বাবে এই ধাৰণাৰ উপলব্ধি আৰু ৰূপায়ণে ৰিয়েল ইষ্টেট মধ্যস্থতাত যথেষ্ট প্ৰগতি আনিব পাৰে।

10. নতুন ৰিয়েল ইষ্টেট ব্ৰোকাৰেজ ছফ্টৱেৰ এটাত সম্পত্তিৰ মূল্যাঙ্কন সহ ৰিয়েল ইষ্টেট মিলোৱা পোৰ্টেলৰ একত্ৰিতকৰণ।

আদৰ্শগতভাৱে, ইয়াত বৰ্ণনা কৰা ৰিয়েল ইষ্টেট মিলোৱা পোৰ্টেল নতুন ৰিয়েল ইষ্টেট ব্ৰোকাৰেজ ছফ্টৱেৰ এটাৰ গুৰুত্বপূৰ্ণ উপাদান হ'ব পাৰে বা আৰম্ভণিৰ পৰাই হ'ব লাগে যি সাধাৰণতে বিশ্বব্যাপী ব্যৱহাৰযোগ্য হয়। ইয়াৰ অৰ্থ হৈছে যে ৰিয়েল ইষ্টেট ব্ৰোকাৰসকলে তেওঁলোকৰ বৰ্তমানৰ ৰিয়েল ইষ্টেট ব্ৰোকাৰেজ ছফ্টৱেৰ উপৰিও ৰিয়েল ইষ্টেট মিলোৱা পোৰ্টেল ব্যৱহাৰ কৰিব পাৰে বা, আদৰ্শগতভাৱে, ৰিয়েল ইষ্টেট মিলোৱা পোৰ্টেল সহ নতুন ৰিয়েল ইষ্টেট ব্ৰোকাৰেজ ছফ্টৱেৰ ব্যৱহাৰ কৰিব পাৰে।

ৰিয়েল ইষ্টেট ব্ৰোকাৰেজ ছফ্টৱেৰ এটাত এই দক্ষ আৰু অভিনৱ ৰিয়েল ইষ্টেট মিলোৱা পোৰ্টেল একত্ৰিত কৰিলে ৰিয়েল ইষ্টেট ব্ৰোকাৰেজ ছফ্টৱেৰটোৰ বাবে এক মৌলিক

একক বিক্ৰীৰ বিশেষত্ব সৃষ্টি হয়, যি বজাৰ সম্প্ৰসাৰণৰ বাবে গুৰুত্বপূৰ্ণ।

যিহেতু সম্পত্তিৰ মূল্যাংকন হৈছে ৰিয়েল ইষ্টেট মধ্যস্থতাৰ এক গুৰুত্বপূৰ্ণ বিষয় আৰু ই সদায়ে গুৰুত্বপূৰ্ণ হৈ থাকিব, ৰিয়েল ইষ্টেট ব্ৰোকাৰেজ ছফ্টৱেৰত যিকোনো প্ৰকাৰে ৰিয়েল ইষ্টেট মূল্যাংকন সঁজুলি একত্ৰিত কৰিব লাগে। সম্পত্তিৰ মূল্যাংকনে ইয়াৰ সংশ্লিষ্ট গণনাবোৰৰ সৈতে ৰিয়েল ইষ্টেট ব্ৰোকাৰৰ প্ৰবিষ্ট / দাখিল কৰা সম্পত্তিবোৰৰ পৰা লিংক প্ৰাসঙ্গিক ডাটা/পেৰামিটাৰবোৰ প্ৰাপ্ত কৰিব পাৰে। যদি প্ৰয়োজন হয়, ৰিয়েল ইষ্টেট ব্ৰোকাৰে অনুপলব্ধ পেৰামিটাৰবোৰৰ স্থানত তেওঁৰ নিজা আঞ্চলিক বজাৰৰ অভিজ্ঞতাৰ তথ্য প্ৰদান কৰে।

ৰিয়েল ইষ্টেট ব্ৰোকাৰেজ ছফ্টৱেৰে লগতে উপলব্ধ ঘৰবোৰলৈ ভাৰ্চুৱেল ভ্ৰমণ একত্ৰিত কৰাৰ সুবিধা প্ৰদান কৰিব লাগে। উদাহৰণ স্বৰূপে, ইয়াক ম'বাইল ফোন আৰু/বা টেবলেটৰ বাবে বিকশিত কৰা অতিৰিক্ত এপ্প এটাৰ জৰিয়তে সহজে ৰূপায়ণ কৰিব পাৰি, য'ত ৰিয়েল ইষ্টেট ব্ৰোকাৰেজ ছফ্টৱেৰত ভাৰ্চুৱেল ভ্ৰমণৰ এক ৰেকৰ্ডিং মুখ্যতঃ স্বয়ংক্ৰিয়ভাৱে একত্ৰিত কৰা হয়।

যদি এই দক্ষ আৰু অভিনৱ ৰিয়েল ইষ্টেট মিলোৱা পোর্টেলটো সম্পত্তি মূল্যাঙ্কনৰ সৈতে নতুন ৰিয়েল ইষ্টেট ব্ৰোকাৰেজ ছ্ফ্টৱেৰ এটাত একত্ৰিত কৰা হয়, ই পুনৰ সাম্ভাব্য ৰাজহ যথেষ্ট পৰিমাণে বৃদ্ধি কৰিব।

মেথিয়াছ ফিডলাৰ

কোৰ্চেনব্ৰইছ, 31 অক্টোবৰ 2016

মেথিয়াছ ফিডলাৰ

Erika-von-Brockdorff-Str. 19

41352 Korschenbroich

Germany

www.matthiasfiedler.net

www.ingramcontent.com/pod-product-compliance
Lightning Source LLC
Chambersburg PA
CBHW071524210326
41597CB00018B/2890
* 9 7 8 3 9 4 7 1 8 4 7 8 1 *